Fuerza Naval de los Estados Unidos

Julie Murray

ABDO
FUERZAS ARMADAS DE LOS ESTADOS UNIDOS
Kids

www.abdopublishing.com

Published by Abdo Kids, a division of ABDO, PO Box 398166, Minneapolis, Minnesota 55439.

Printed in the United States of America, North Mankato, Minnesota.

072014

092014

THIS BOOK CONTAINS
RECYCLED MATERIALS

Spanish Translators: Maria Reyes-Wrede, Maria Puchol

Photo Credits: AP Images, Shutterstock, Thinkstock, © Keith McIntyre / Shutterstock.com p.1,
© Official U.S. Navy Imagery / CC-BY-2.0 p. 11, 15, 17, 19

Production Contributors: Teddy Borth, Jennie Forsberg, Grace Hansen

Design Contributors: Candice Keimig, Laura Rask, Dorothy Toth

Library of Congress Control Number: 2014938912

Cataloging-in-Publication Data

Murray, Julie.

[United States Navy. Spanish]

 Fuerza Naval de los Estados Unidos / Julie Murray.

   p. cm. -- (Fuerzas Armadas de los Estados Unidos)

ISBN 978-1-62970-391-6 (lib. bdg.)

Includes bibliographical references and index.

1. United States Navy--Juvenile literature. 2. Spanish language materials—Juvenile literature. I. Title.

359.00973--dc23

                  2014938912

Contenido

Fuerza Naval de los Estados Unidos

La Fuerza Naval es una de las ramas de las **Fuerzas Armadas** de los Estados Unidos.

La Fuerza Naval protege

a los Estados Unidos en el

mar. Lo hace con barcos,

aviones y armas.

Vehículos

La Fuerza Naval tiene diferentes tipos de barcos. Los cruceros militares son **buques de guerra** rápidos.

9

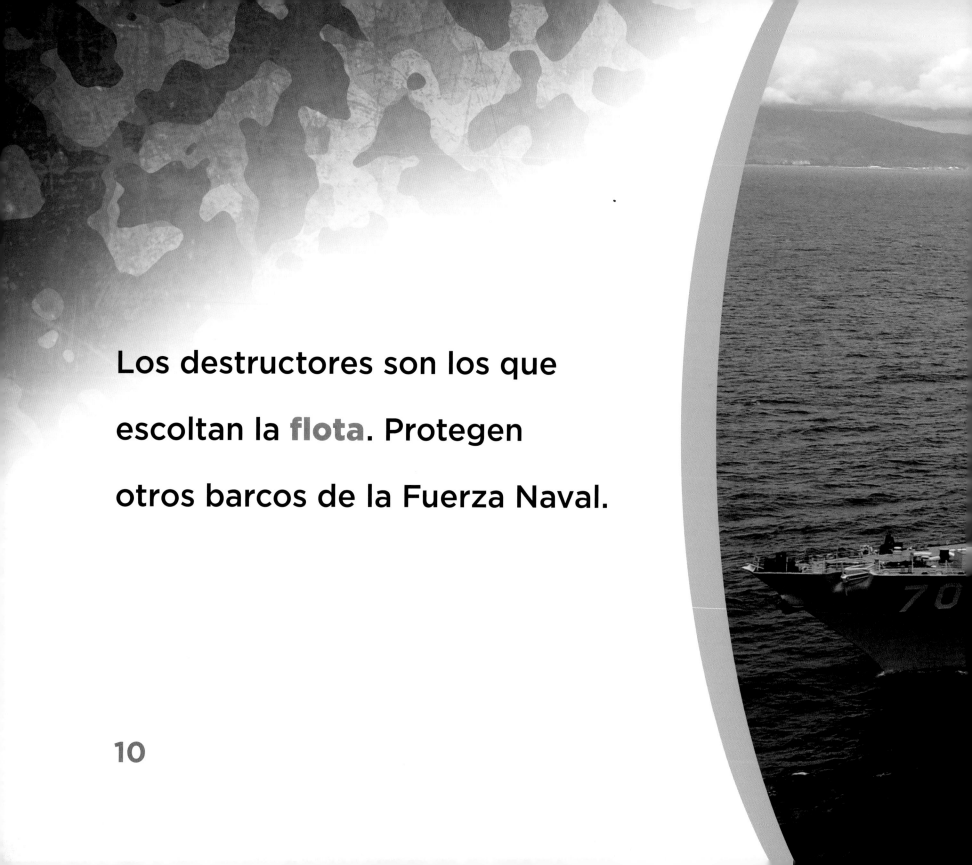

Los destructores son los que escoltan la **flota**. Protegen otros barcos de la Fuerza Naval.

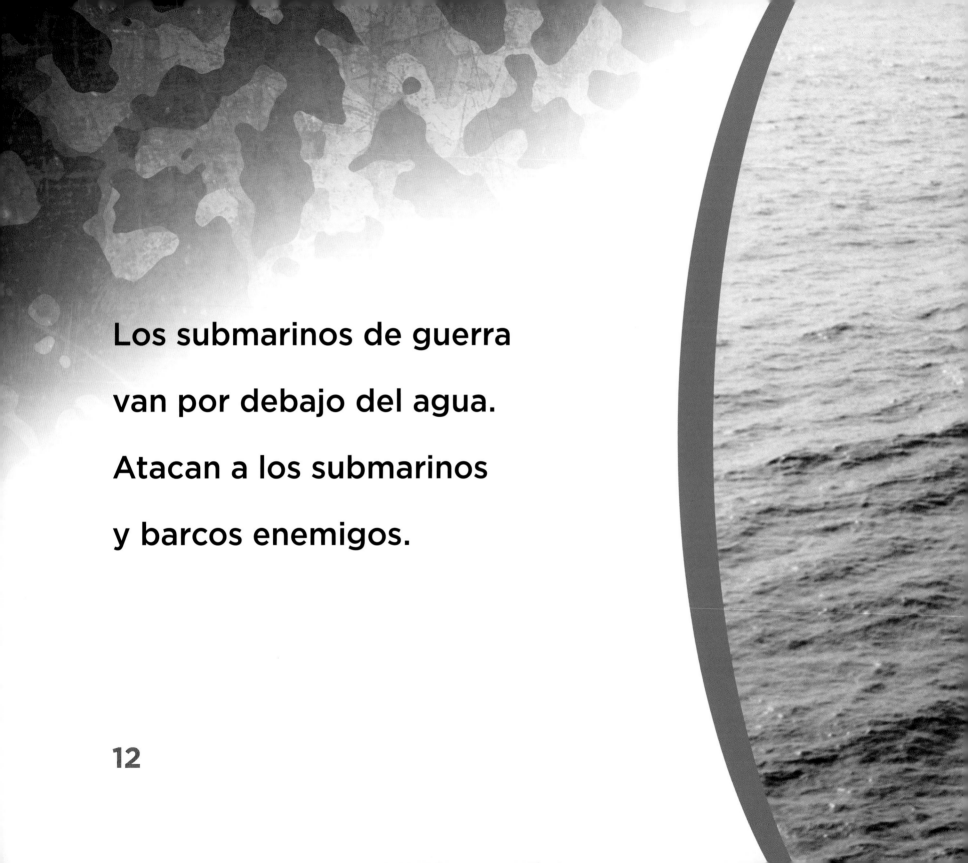

Los submarinos de guerra
van por debajo del agua.
Atacan a los submarinos
y barcos enemigos.

12

Los portaaviones llevan aviones. Los aviones despegan y aterrizan sobre el barco.

14

Trabajos

En la Fuerza Naval se pueden

cumplir diferentes funciones.

Los mecánicos arreglan cosas.

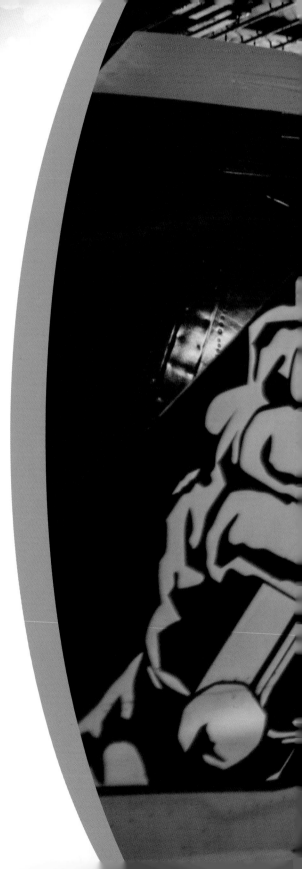

GEORGE WASHINGTON

Los pilotos vuelan los aviones.

Los doctores cuidan a los

enfermos y los heridos.

19

"*Non Sibi Sed Patriae*"

¡La Fuerza Naval se encarga diariamente de la seguridad de la gente de los Estados Unidos!

Más datos

- Muchos presidentes han formado parte de la Fuerza Naval. Fueron John F. Kennedy, Lyndon B. Johnson, Richard M. Nixon, Gerald R. Ford, James E. Carter y George H.W. Bush.

- La Fuerza Naval cuenta con aviones, barcos y armas, tales como misiles y torpedos.

- El lema de la Fuerza Naval es "Non sibi sed patriae". En latín significa "no por uno, sino por la patria".

Glosario

buque de guerra – barco destinado a usos militares.

flota – conjunto de barcos de guerra de un país que lleva una tripulación armada.

fuerzas armadas – fuerza militar (tierra), naval (mar) y aérea (aire). Protegen y sirven a la nación.

Índice

abdokids.com

¡Usa este código para entrar a abdokids.com y tener acceso a juegos, arte, videos y mucho más!

Código Abdo Kids:
UUK0977